Gabriel Paulus

Die Entflechtung von Erdgasfernleitungen gemäß RL 2009/73/EG

Gabriel Paulus

Die Entflechtung von Erdgasfernleitungen gemäß RL 2009/73/EG

Inwieweit wird durch die Entflechtungs-RL ein verbesserter Wettbewerb zwischen Fernleitungsnetzbetreibern erreicht?

Lehrbuchverlag

Imprint

Cover image: www.ingimage.com

Publisher:
Der Lehrbuchverlag
is a trademark of
International Book Market Service Ltd., member of OmniScriptum Publishing Group
17 Meldrum Street, Beau Bassin 71504, Mauritius
Printed at: see last page
ISBN: 978-620-0-44674-9

Die Entflechtung von Erdgasfernleitungen gemäß RL 2009/73/EG

Inwieweit wird durch die Entflechtung ein härterer Wettbewerb zwischen Fernleitungsnetzbetreiber erreicht?

Gabriel Paulus

Wien, im Juni 2020

Inhaltsverzeichnis

Abkürzungsverzeichnis

ACER	Agency for the Cooperation of Energy Regulators
Art.	Artikel
Bzw.	Beziehungsweise
Ebd.	Ebenda
Etc.	Et cetera
GWG	Gaswirtschaftsgesetz
ISO	Independent System Operator
ITO/ITO+	Independent Transmission Operator
LNG	Liquified Natural Gas
LPG	Liquified Petroleum Gas
RL	Richtlinie
TSO	Transmission System Operator

Ziel und Methode

Inwieweit erreicht die Umsetzung der RL 2009/73/EG durch die Entflechtung von vertikal integrierten Erdgasunternehmen eine Verbesserung des Wettbewerbs in Bezug auf Fernleitungsnetzbetreiber?

Ziel dieses Werkes ist es, diese Frage zu behandeln. Dabei wird ein Überblick über die Entflechtungsbestimmungen für vertikal integrierte Erdgasunternehmen, die Erdgasfernleitungen betreiben, gewonnen. Die damit verbundene Problemstellung wird rechtswissenschaftlich behandelt und systematisiert. Die Arbeit ist in verständlicher Alltagssprache verfasst, sodass auch ein juristischer Laie den Ausführungen optimal folgen kann.

Ein besonderer Wert wird dabei auf die Praxisrelevanz gelegt. Die Lektüre soll es dem Leser ermöglichen, ein allgemeines Verständnis über die rechtliche Situation bezüglich der Entflechtung am österreichischen und im weiteren europäischen Erdgasfernleitungsmarkt zu erwerben. Außerdem werden an mehreren Stellen Schlussfolgerungen gezogen, welche Auswirkungen entsprechende Bestimmungen auf die unternehmerische Praxis entfalten können.

Die gegebene Problematik befindet sich in einem Schnittfeld zwischen mehreren Rechtsgebieten. Hauptsächlich werden unternehmensrechtliche Aspekte behandelt. Dabei ist insbesondere die Rolle des Wettbewerbsrechts hervorzuheben, die sich wie ein roter Faden durch die Entflechtungsbestimmungen zieht. Es finden sich jedoch auch konzernrechtliche Aspekte, da sich durch die Entflechtung viele Fragen zu der Organisation vertikal integrierter Unternehmen stellen.

Die relevanten rechtlichen Grundlagen für das behandelte Thema finden ihren Ursprung in der Gesetzgebung der europäischen Union. Es wird daher zuerst ausführlich auf die entsprechenden europäischen Sekundärrechtsakte eingegangen, bevor die österreichische Rechtslage detailliert analysiert wird.

Auch aus öffentlich-rechtlicher Perspektive ergeben sich interessante Betrachtungsweisen auf das Regelwerk der Entflechtung, insbesondere im Bereich des Regulierungsrechts.

Zur Erstellung des vorliegenden Werkes wurden sowohl österreichische wie europäische rechtswissenschaftliche Literatur, einschlägige österreichische wie europäische Judikatur und die entsprechenden Gesetzestexte herangezogen.

1 Einleitung

Gas ist einer der wichtigsten Rohstoffe der Welt. Für die Unternehmen und Haushalte Österreichs und der europäischen Union ist die Gewährleistung einer stabilen und gleichzeitig wirtschaftlichen Versorgung mit Gas ein essentielles Bedürfnis.

Als eines der größten internen Hindernisse für einen effizienten Markt hat die Europäische Kommission im Jahr 2007 den Mangel an fairem Wettbewerb identifiziert. Aufgrund von historisch gewachsenen Strukturen unterhielten große, früher hauptsächlich staatliche, Energieunternehmen oft monopolartige Strukturen und erschwerten Mitbewerbern den Eintritt in ihre Interessenssphären.

Aufgrund dieser Diskrepanz zwischen tatsächlicher, regionaler Hegemonie und dem Ziel des europäischen Gesetzgebers, ein kompetitives und faires Umfeld zu schaffen, wurden im Jahr 2009 mehrere umfassende Rechtsakte erlassen, die gemeinsam als „drittes Energiepaket" bekannt sind. Dabei handelt es sich um das Herzstück der europäischen Energiepolitik.

Die zentrale Bestimmung dieses Pakets stellt die „Entflechtung" von vertikal integrierten Energieunternehmen dar. Dazu wurde zum einen eine Richtlinie über die Entflechtung des Strom-, zum anderen über jene des Gassektors erlassen. Diese Vorgaben bedeuteten auch eine tiefgreifende Neuerung des österreichischen Energierechts.

Aufgrund zahlreicher Kompromisse und Änderungen sind die Entflechtungsvorschriften ausgesprochen komplex und werden auch in der Praxis unterschiedlich aufgenommen.

Mittlerweile 9 Jahre nach Inkrafttreten der Entflechtungsbestimmungen soll festgehalten werden, inwieweit die Bestimmungen zweckdienlich waren und tatsächlich zu einer Belebung des Wettbewerbs am Gasmarkt geführt haben.

2 Allgemeines

2.1 Verhältnis zwischen nationalem und europäischem Recht

Seit dem Beitritt Österreichs zur Europäischen Union am 1. Jänner 1995 ist neben der nationalen Rechtsordnung auch die europäische Gesetzgebung zu beachten.

Grundsätzlich wird im Europarecht zwischen Primärrecht und Sekundärrecht unterschieden, wobei letzteres auf Grundlage des erstgenannten ergeht. Unter Primärrecht werden die völkerrechtlichen Verträge über das Wesen der Union selbst verstanden, während Sekundärrecht von den Organen der EU selbst erlassen wird. Sekundärrecht kann in mehreren Formen ergehen, beispielsweise in Gestalt einer Richtlinie. Dies ist in weiterer Folge relevant.

Dabei handelt es sich um eine allgemeine Regelung, die von den Mitgliedstaaten innerhalb einer bestimmten Frist in innerstaatliches Recht umzusetzen ist. Sie ist hinsichtlich des Zieles verbindlich, überlässt den Mitgliedstaaten jedoch die Wahl der Form und der Mittel. Man spricht von einer „Umsetzung“ in nationales Recht.

2.2 Wettbewerbsrechtlicher Hintergrund

Um Abnehmern die freie Wahl ihrer Lieferanten und Anbietern den freien Zugang zu ihren Kunden zu ermöglichen, ist es essentiell, bestehende Markthindernisse abzubauen. Gesetzlichen Maßnahmen zur Belebung des Wettbewerbs kommt daher eine bedeutende makroökonomische Rolle zu.

Aufgrund der zumeist überregionalen Bedeutung von Markthindernissen sind die Kompetenzen im Wettbewerbsrecht zwischen dem europäischen und dem nationalen Bundesgesetzgeber geteilt.

Die Hauptquellen des europäischen Wettbewerbsrechts sind in den Artikeln 101 und 102 AEUV zu finden, es bestehen aber auch etliche Spezialgesetze. Auch die Gasrichtlinie kann man als wettbewerbsrechtliche *lex specialis* werten.

Oberste Wettbewerbsbehörde der EU ist die Europäische Kommission. In Österreich ist grundsätzlich die Bundeswettbewerbsbehörde zuständig.

2.3 Bestandaufnahme des Gassektors

Die ausreichende Versorgung mit Gas ist eine unabdingbare Voraussetzung für ein modernes Industrieland wie Österreich und von großer wirtschaftlicher Bedeutung. In der EU ist Gas der Zweitwichtigste Energieträger nach Erdöl mit einem Anteil am Energiemix von 23%.[1]

Gas tritt dabei in verschiedenen Erscheinungsformen auf. Wirtschaftlich bedeutende Formen sind unter anderem Erdgas, Liquified Petroleum Gas (LPG), Liquified Natural Gas (LNG) und andere Gasprodukte. In weiterer Folge wird keine Unterscheidung vorgenommen, weshalb mangels anderer Hinweise in weiterer Folge immer alle handelsüblichen Formen gemeint sind.

Häufige Verwendungsbereiche für Gasprodukte sind unter anderem in der Produktion von elektrischem Strom, in der Beheizung von Gebäuden aber auch zunehmend in den Verbrennungsmotoren von Autos oder sogar Schiffen.

2.3.1 Aktuelle wirtschaftliche Entwicklungen

Durch Innovationen im Bereich der Gasgewinnung, insbesondere dem „Fracking-Boom" in den Vereinigten Staaten von Amerika, der relativen technischen Unkompliziertheit des Umrüstens vieler Verbrennungsmotoren von Erdöl auf Gas und damit in Wechselwirkung stehend einen verstärkten Ausbau insbesondere der europäischen Gasinfrastruktur entwickelt sich die Nachfrage nach Gas in dessen verschiedenen Erscheinungsformen sehr dynamisch. Der erhöhte Bedarf führt wiederum zu „economies of scale" auf Angebotsseite, wodurch in der Regel die Preise für Gasprodukte wieder sinken und die Attraktivität von Gas erhöhen.

---

[1] *Bonn, Voßwinkel*, Die Gasversorgung in der EU. Stand und Perspektiven, CepInput 06 (2019), 4 (4).

2.3.2 Die umweltpolitische Dimension

Im Licht der vermehrten Bemühungen mehrerer großer europäischer Staaten sowie der EU, das wirtschaftliche Handeln mit Klimaschutzzielen in Einklang zu bringen, könnte Gas vielversprechende Perspektiven bieten.

Im Vergleich zu Erdöl bietet Gas viele umwelttechnische Vorteile. Beachtlich ist vor allem, dass durch die Verbrennung von Gas bei gleichbleibendem Brennwert üblicherweise 30% weniger CO^2 und überhaupt kein für die Ozonschicht besonders schädliches Methan ausgestoßen wird.

Aufgrund der langjährigen Tendenz zu strengeren Emissionsgesetzen sowie den Zielen des 2019 verkündeten „Green New Plans" der europäischen Kommission könnte für viele Wirtschaftssektoren ein Umstieg von Öl auf Gas eine attraktive oder vielleicht sogar notwendige Option darstellen. Beispielsweise ist bereits seit einigen Jahren in der Schifffahrtsindustrie aufgrund verschärfter Emissionsbestimmungen einerseits und den sinkenden Kosten von LNG andererseits ein genereller Übergang von Erdöl auf LNG zu beobachten.

2.3.3 Die geopolitische Dimension

Abgesehen von Überlegungen der Ökonomie und Ökologie ist darüber hinaus die öffentlich breit diskutierte geopolitische Dimension des Gasmarkts zu beachten.

Versorgungssicherheit ist eines der zentralen Anliegen der zeitgenössischen europäischen Energiepolitik. Da die EU selbst nur über geringe Gasreserven verfügt sind die Mitgliedsstaaten hauptsächlich auf den Import angewiesen, der rund 70% des Bedarfs deckt.[2] Es ist dabei der traditionell starke Marktanteil russischen Gases zu beachten.

Seit den Gasversorgungskrisen in den Wintern 2006 und 2009 sowie den verschärften Spannungen zwischen der EU und der Russischen Föderation im Zuge der Ukraine-Krise ist ein vermehrtes politisches Interesse nach einer zunehmenden Diversifizierung der Herkunftsländer des importierten Erdgases erkennbar. Die Skepsis vor allem osteuropäischer Länder gegenüber der langfristigen Zuverlässigkeit russischer Gasimporte hat unter anderem zu kontrovers diskutierten nachträglichen Veränderungen der hier behandelten Gasrichtlinie geführt.

---

[2] *Bonn, Voßwinkel*, CepInput 06 (2019), 4.

6.3.3. Die europapolitische Dimension

Eines der erklärten langjährigen Ziele der Europäischen Kommission stellt die Verwirklichung des Energiebinnenmarkts dar. Durch einen wirksamen Binnenmarkt sollen einerseits die Gewährleistung der oben thematisierten verbesserten Versorgungssicherheit, andererseits auch wettbewerbsfähige Gaspreise erreicht werden. Diese Strategie manifestiert sich in der Vision der „Energieunion".

Der freie Wettbewerb verschiedener Anbieter kann auch aus dem Blickwinkel der Grundfreiheiten der Union betrachtet werden. Diese haben unter anderem den freien Warenverkehr und Dienstleistungsverkehr zum Ziel und setzten somit implizit einen offenen und fairen Markt voraus. Die dominante Stellung großer Unternehmen in ihren jeweiligen Heimatsstaaten bedeutet eine konkrete Erschwerung des freien Transports von Gas durch die Leitungen eines Konkurrenzunternehmens.

Die europäische Energiegesetzgebung ist auch aus dem Blickpunkt der Harmonisierung zu betrachten. Einheitliche gesetzliche Rahmenbedingungen erleichtern die innereuropäische geschäftliche Tätigkeit und führen so zu einer erhöhten Wirksamkeit des Binnenmarkts. Jedoch ist es angesichts der großen „Spielräume", die den nationalen Gesetzgebern bei der Umsetzung des europäischen „dritten Energiepakets" eingeräumt wurden, fragwürdig, inwieweit dieses tatsächlich zu einer Harmonisierung beiträgt. Diese „Spielräume" werden im Kapitel über die Entflechtung von Fernleitungsnetzbetreibern im Detail behandelt.

2.3.4 Die jüngere Entwicklung der Wettbewerbssituation

Historisch betrachtet handelt es sich bei dem Energiesektor um eine Branche, in der der Staat traditionell eine starke Rolle spielt.

Dies hat zwei hauptsächliche Gründe. Erstens wird die Versorgung mit Strom und Gas meistens als Grundbedürfnis der Bürger verstanden. Daraus folgend wird es oft als Verantwortung des Staates betrachtet, den universellen Zugang zu diesen Grundinfrastrukturen zu decken, auch wenn der Betrieb der dafür nötigen Anlagen stark defizitär ist. Zweitens ist die

Errichtung von Energieinfrastruktur zumeist mit hohen anfänglichen Investitionen verbunden, die für einen privaten Investor oft zu riskant oder zu kapitalaufwendig sein könnten.

Da staatlich betriebene Unternehmen jedoch in der Regel zu einem effizienten Wettbewerb in Widersprich stehen, kam es auch schon vor dem „dritten Energiepaket" zu vermehrten Privatisierungen. Obwohl dadurch der staatliche Einfluss auf Energieunternehmen innerhalb der EU zurückgegangen ist, stellte die Europäische Kommission im Jahr 2007 dennoch eine hohe Marktkonzentration fest, welche gemäß deren Ansicht das größte Hindernis zur Verwirklichung des freien Binnenmarkts darstellt.[3]

2.3.5 Relevanz für andere Wirtschaftszweige

Bei Betrachtung des Energiemarkts ist die Frage denkbar, ob die Entflechtungsbestimmungen über Energieunternehmen Aufschluss über ähnlich strukturierte Wirtschaftszweige geben könnten. Vor allem die Situation der europäischen Eisenbahnindustrie ist mit der oben beschriebenen Lage des Energiemarktes in vielen Punkten vergleichbar. Auch in dieser Branche kommt es oft zu „natürlichen Monopolen" von vertikal integrierten Unternehmen. Es besteht ähnlich zu den Netzbetreibern in der Energiewirtschaft auch im Falle einer Liberalisierung die Gefahr einer Verzerrung des Wettbewerbs durch den Eigentümer bzw. Betreiber der Schienen. Die Auswirkungen bzw. der Erfolg der Entflechtung von Energieunternehmen könnte somit wertvolle Erfahrungswerte für etwaige weitere Entflechtungsvorhaben liefern.

---

[3] *Wechtl*, Die eigentumsrechtliche Entflechtung der Strom- und Gasversorgungsunternehmen in der Europäischen Union (2010) 81.

3 Überblick über das „dritte Energiepaket“

Die rasante Entwicklung am Gasmarkt sowie die verschiedenen zu beachtenden Dimensionen stellten den europäischen Gesetzgeber vor die Aufgabe, ein zeitgemäßes regulatorisches Umfeld zu schaffen.

Das dritte Energiepaket ist der zentrale Akt der EU im Bereich der Energiepolitik und besteht aus 2 Richtlinien sowie 3 Verordnungen, die am 3. September 2009 in Kraft traten:

Die zwei Richtlinien:

1. die Elektrizitätsrichtlinie 2009/72/EG
2. Erdgasrichtlinie 2009/73/EG

Die drei Verordnungen:

1. Elektrizitätsverordnung Nr. 714/2009
2. Erdgasverordnung Nr. 715/2009
3. Verordnung über die Agentur für die Zusammenarbeit der Energieregulierungsbehörden Nr. 713/2009).

Das dritte Energiepaket folgte auf das sogenannte „zweite Energiepaket“. Dieses verfolgte bereits einen ähnlichen Zweck, wurde jedoch als ineffektiv und nicht weitgehend genug betrachtet. Von manchen Seiten wird auch bereits ein viertes Energiepaket gefordert.

Das Ziel der Rechtsnormen ist einerseits die versuchte Harmonisierung des Energiebinnenmarkts und die damit einhergehenden Überlegungen zum freien Warenverkehr. Andererseits haben die Rechtsakte einen klar wettbewerbsrechtlichen Charakter, da sie primär darauf abzielen, innerstaatlich bestehende Diskriminierungen am Energiemarkt zu unterbinden. Die oft missbräuchliche Ausnutzung der marktbeherrschenden Stellung vieler führender Energieunternehmen steht in Widerspruch zu den Bemühungen des europäischen Gesetzgebers, mittels Liberalisierung einen kompetitiven und gerechten Wettbewerb am Energiemarkt zu erreichen. [4]

[4] *Wechtl*, Entflechtung 72.

Die Maßnahmen zur Entflechtung betreffen im Wesentlichen sowohl den Gas-, wie auch den Strommarkt und ähneln sich in vielen Punkten. In weiterer Folge wird jedoch ausschließlich die RL 2009/73/EG, welche auch unter der Bezeichnung als „Erdgasrichtlinie" bekannt ist, näher beleuchtet.

Da bei der Umsetzung von europäischen Richtlinien die Wahl der Form und der Mittel den Mitgliedsstaaten frei überlassen ist, hat der österreichische Gesetzgeber die Bestimmung über den Weg einer Neufassung des Gaswirtschaftsgesetzes, kurz GWG, 2011 vorgenommen. Durch die Aufnahme der europäischen Vorgaben über das dritte Energiepaket in das GWG wurde dieses dem Umfang nach signifikant erweitert.

3.1 Zustandekommen der Gasrichtlinie

Dem In-Kraft-Treten waren langwierige politische Diskussionen und ein nahezu zwei Jahre dauerndes Normsetzungsverfahren vorausgegangen. Bereits am 10. Juli 2007 hat das Europäische Parlament die Problematik der vertikal integrierten Energieversorger anerkannt, aber erst am 22. April 2009 hatte schließlich das Europäische Parlament in zweiter Lesung, am 25. Juni 2009 der Rat der Europäischen Union dem Paket zugestimmt. [5]

Das Paket ist am 3. September 2009 in Kraft getreten und musste bis 3. März 2011 in die nationalen Rechtsordnungen umgesetzt werden.

In Österreich wurde das neue Gaswirtschaftsgesetz erst am 20. Oktober 2011 vom Nationalrat beschlossen und gilt seit 22. November 2011. Es sind jedoch einige Übergangsbestimmungen zu beachten. Gegenüber dem GWG 2009 hat sich im GWG 2011 durch die zahlreichen Neuerungen die Anzahl der Paragrafen nahezu verdoppelt. Mit dem Hintergedanken einer Rechtsbereinigung und einer verbesserten Gesetzessystematik wurde das GWG 2009 daher vollständig aufgehoben und als GWG 2011 neu erlassen.[6]

---

[5] *Wechtl*, Entflechtung 135. (wechtl p 135 und eulex erw grund 11)

[6] *Traitler*, Regulierung in der Gaswirtschaft und das Dritte Energiepaket, ZfRV 21 (2013), 1 (148). bzw. ErlRV 1081 BlgNR 24. GP zu Art 1 iVm § 169 Abs 1 GWG 2011 (BGBl I 2011/107

3.2 Vorgänger des dritten Energiepakets

Das dritte Energiepaket kann als Weiterentwicklung des ersten und zweiten Energiepakets betrachtet werden. Diese stehen wiederum in Geiste einer, auf die 80-er Jahre des vorigen Jahrhunderts zurückdatierbaren, langfristigen Strategie der Europäischen Union, die Verwirklichung des Binnenmarkts – vor allem in strategisch wichtigen Sektoren – zu fördern. [7]

Bereits durch das Erste Energiepaket und die Erdgasbinnenmarktrichtlinie 98/30/EG kam es erstmals zu einer partiellen Öffnung der Gasmärkte. Durch das Zweite Energiepaket und die modifizierte Erdgasbinnenmarktrichtlinie 2003/55/EG wurde ein weiterer Meilenstein erreicht.

In diesem Zusammenhang waren in Österreich bereits 2006 maßgebliche Veränderungen im Gaswirtschaftsrecht notwendig. So kam es im Juni 2006 zu einer ersten Novellierung des Gaswirtschaftsrechts durch das Energie-Versorgungssicherheitsgesetz.[8]

Dennoch bestand nach wie vor ein enormer Verbesserungsbedarf, was die Wettbewerbsbedingungen auf dem europäischen Gasmarkt anlangt. Denn die Vorschriften der 2003/55/EG haben nicht zu einer tatsächlichen Entflechtung der Fernleitungsnetzbetreiber geführt.[9]

3.3 Anwendungsbereich

Das österreichische GWG definiert in § 7 Abs. 1 Z 74, dass die behandelten Bestimmungen auf vertikal integrierte Erdgasunternehmen, also solche [...] *in der ein und dieselbe(n) Person(en) berechtigt ist (sind), direkt oder indirekt Kontrolle auszuüben, wobei das betreffende Unternehmen bzw. die betreffende Gruppe von Unternehmen mindestens eine der Funktionen Fernleitung, Verteilung, Verflüssigung/Wiederverdampfung (LNG) oder Speicherung und*

---

[7] *Traitler*, ZfRV 21 (2013), 148.

[8] Ebd.

[9] Erwägungsgrund 10 der RL 2009/72/EG bzw. Erwägungsgrund 7 der RL 2009/73/EG

mindestens eine der Funktionen Gewinnung oder Lieferung von Erdgas wahrnimmt anzuwenden sind.

Bei vertikal integrierten Unternehmen handelt es sich daher um solche, die sowohl ein Energienetz als auch Energiedienste, insbesondere Gewinnung und Versorgung von Erdgas, betreiben. Darunter kann man sich ein Unternehmen vorstellen, welches einerseits ein Netz zu einen Endabnehmer betreibt, beispielsweise eine Gasleitung zu einem Haushalt, andererseits auch Hersteller des fertigen Endprodukts, zb Erdgas um die Heizung ebendieses Haushalts zu befeuern, ist.

Der Begriff des Netzbetreibers bezeichnet jenen Dienstleister, der die Übertragung oder den Transport von Gas vornimmt. Dieser ist auch als *Transmission System Operator*, kurz TSO, bekannt. Es wird darüber hinaus zwischen dem Fernleitungsnetzbetreiber bzw. Übertragungsnetzbetreiber und dem Verteilernetzbetreiber unterschieden (§ 7 Abs. 1 Z 20, § 7 Abs. 1 Z 72 GWG 2011).

Das GWG sieht im Weiteren noch Regelungen für Speicherunternehmen bzw. Speicheranlagenbetreiber, die Teil eines vertikal integrierten Unternehmens sind, vor.

Für das dritte Energiepaket ist überwiegend für Fernleitungsnetzbetreiber relevant, da es drei alternativ wählbare Modelle zu deren Entflechtung vorsieht, erwirkt jedoch auch eine Verschärfung für Verteilernetzbetreiber und für Speicherunternehmen.

3.4 Problematik

Die Problematik der Struktur eines vertikal integrierten Energieunternehmens liegt hauptsächlich darin, dass ein solches in der unternehmerischen Praxis oft geneigt ist, anderen Anbietern den Zugang zu seinen Netzen zu verweigern. In der Folge wird es für andere Anbieter fertiger Erdgasprodukte oft schwierig, die eigenen Produkte über ein von einem konkurrierenden Unternehmen betriebenes Netz an den Abnehmer zu liefern. In vielen Regionen entsteht somit ein quasi-Monopol des lokalen Netzbetreibers, was dazu führt, dass Kunden oft keine Wahlmöglichkeit haben und auf das dominierende Unternehmen angewiesen sind.

Darüber hinaus schaffen vertikal integrierte Strukturen tendenziell nur wenige Anreize, in die Erweiterung oder Verbesserung der Energienetze zu investieren, da sie nicht zu anderen Mitbewerbern in Konkurrenz treten müssen.

Es besteht daher die Gefahr *faktischer Diskriminierung* kleinerer oder neu dazukommender Unternehmen am Gasmarkt. Dies widerspricht einerseits den wirtschaftlichen Zielen des freien Energiebinnenmarkts, andererseits ist derartiges Verhalten mit den wettbewerbsrechtlichen Grundsätzen des AEUV nicht vereinbar.

Die Richtlinie 2009/73/EG hat daher den Zweck, mittels „Entflechtung" solcher integrierter Strukturen den inhärenten Interessenskonflikt zwischen Netzbetreibern und anderen Anbietern zu beseitigen und einen fairen, transparenten Wettbewerb zu gewährleisten.

4 Die „Gasrichtlinie" 2009/73/EG

Die Gasrichtlinie ist ein umfassender Rechtsakt und verfolgt mehrere Ziele, die der Verwirklichung des Gasbinnenmarkts dienen sollen:

- Die Entflechtung von „vertikal integrierten" Erdgasunternehmen
- Die Gewährleistung des diskriminierungsfreien Zugangs zu den nationalen Gasfernleitungen
- Eine transparente und wettbewerbliche Festlegung von Nutzungsentgelten von Gasfernleitungen

Darüber hinaus definiert die Richtlinie die Rolle der Regulierungsbehörde bei der Kontrolle und Durchsetzung des Gesetzes. Näheres wird im Kapitel 4.3 erläutert.

Der Fokus dieser Arbeit liegt auf den verschiedenen Arten der Entflechtung vertikal integrierter Erdgasunternehmen, die zumeist als Herzstück der Gasrichtlinie betrachtet wird.

4.1 Befreiung

Die Entflechtungsvorschriften werden gemäß GWG grundsätzlich nicht auf Erdgasunternehmen mit weniger als 50 000 Hausanschlüssen angewendet. Unter gewissen Umständen ist jedoch auch eine (partielle) Ausnahme von den Vorgaben der Gasrichtlinie für größere Unternehmen möglich.

Für sogenannte „größere neue Infrastrukturen" sieht die Gasrichtlinie mehrere Privilegierungen vor. Diesem Begriff umfasst in erster Linie Verbindungsleitungen zwischen den Mitgliedsstaaten, LNG- und Speicheranlagen.

Für diese Infrastrukturen bestehen Ausnahmen im Bereich des Netzzugangs Dritter und den Tarifgrundsätzen, aber auch in Bezug auf die für die Gasrichtlinie zentralen Bestimmungen über die Entflechtung. So kann unter den Voraussetzungen des Artikels 36 Abs. 1 eine Ausnahme von der Anwendung der Entflechtungsvorschriften beantragt werden.

Zusammengefasst sind folgende Voraussetzungen nötig:

- Der Wettbewerb muss durch das Projekt verbessert werden
- Es muss nachgewiesen werden, dass die Investition nicht getätigt werden würde, sollten die strengen Bestimmungen der RL 2009/73/EG Anwendung finden

Der Antrag auf Ausnahme einer neuen Gasinfrastruktur hat von einem Mitgliedsstaat an die europäische Kommission gestellt zu werden. Dabei steht der Kommission ein breiter Ermessensspielraum zu, ob sie das Vorliegen der oben genannten Voraussetzungen anerkennt. [10]

Außerdem eine Ausnahme von den Entflechtungsvorschriften für sogenannte „Kombinationsnetzbetreiber" gemäß § 118 GWG möglich, wenn die Unabhängigkeit der Netzbetreiber nicht beeinträchtigt wird.

Darüber hinaus gelten Ausnahmen bezüglich der eigentumsrechtlichen Entflechtung, wenn es sich um ein öffentliches Unternehmen handelt.[11] Näheres wird im Kapitel 6.4.1.5 erörtert.

4.2 Nachträgliche Änderungen

In den nunmehr 9 Jahren seit Inkrafttreten der umgesetzten Richtlinie ist es zu mehreren nachträglichen Änderungen gekommen. Erwähnenswert ist insbesondere die rezente Richtlinie 2019/692.

Bisher waren Pipelines, die aus Drittstaaten in die EU führen, nicht von der RL 2009/73/EG gedeckt. Die neue Richtlinie sieht jedoch eine Erstreckung des Anwendungsbereichs vor.

Besonders kontrovers ist dabei, dass für „neue, große" Infrastrukturen, wie in dem vorherigen Kapitel erläutert, dann keine Ausnahme mehr beantragt werden kann, wenn es sich um „Offshore-Gasfernleitungen", also um eine Unterwasserpipeline handelt. Der Mitgliedsstaat, in dessen Hoheitsgebiet eine bereits bestehende Gasfernleitung aus einem Drittstaat an das EU-Netz angeschlossen wird, kann aber bereits bestehende Leitungen von den Vorgaben der RL 2009/73/EG befreien.[12]

Da diese Änderung offensichtlich den Bau der Pipeline „Nord Stream 2" zum Anlass hatte, ist diese auch als „Lex Nord Stream 2" bekannt.

---

[10] *Lang, Westphal,* Nord Stream 2 – Versuch einer politischen und wirtschaftlichen Einordnung (2016) 17.

[11] *Helmreich, Kuhlmann*, Entflechten Sie sich! Zur Entscheidungspraxis der Regulierungsbehörde bei Zertifizierungsverfahren, ZTR 2 (2013), 2 (85).

[12] *Bonn, Voßwinkel,* CepInput 06 (2019), 9.

4.3 Rechtsdurchsetzung

Aufgrund der Überschneidung von Regulierungs- und Wettbewerbsrecht ist zwischen der Zuständigkeit der Regulierungsbehörde und dem Kartellgericht zu unterscheiden. Es bestehen in der Lehre unterschiedliche Auffassungen, jedoch ist im Endeffekt davon auszugehen, dass ein Vorrang der Regulierungsbehörde besteht und das Kartellgericht als „Auffangbecken" für Sachverhalte dient, die nicht von der Zuständigkeit der Regulierungsbehörde erfasst sind. Dies wird unter anderem damit begründet, dass *„das Regulierungsrecht in seinem Anwendungsbereich dem Kartellrecht als lex specialis vorgeht (anderes gilt freilich für EU-Kartellrecht) und somit auch die Zuständigkeit der Regulierungsbehörde vorrangig ist"*.[13]

Um die Koordination der europäischen Regulierungsbehörden zu gewährleisten wurde im Rahmen des dritten Energiepakets die Verordnung Nr. 713/2009 erlassen. Diese schreibt die Gründung der *Agentur für die Zusammenarbeit der Energieregulierungsbehörden*, auf Englisch Agency for the Cooperation of Energy Regulators oder kurz ACER, vor. Der Sitz der Agentur ist in Ljubljana.

Als nationale Regulierungsbehörde fungiert in Österreich die „Energie-Control Austria für die Regulierung der Elektrizitäts- und Erdgaswirtschaft" oder kurz E-Control.

4.3.1 Die Rolle der Regulierungsbehörde

Die E-Control wurde im Jahr 2000 als GmbH eingerichtet ist seit 2011 eine Anstalt öffentlichen Rechts. Sie vereint als Regulierungsbehörde im Sinne des Kapitels VIII bzw. Artikel 39 ff mehrere Funktionen unter einem Dach. Hauptrechtsquelle für den Zuständigkeitsbereich der E-Control ist das Energie-Control-Gesetz, welches auf Grundlage des dritten Energiepakets umgesetzt wurde.

Die E-Control ist Aufsichts- und Überwachungsorgan, wie es im Artikel 20 vorgeschrieben wird. Daher hat sie unter anderem die Befugnis, ein Missbrauchsverfahren einzuleiten. Dies bedeutet, dass sie bei Verstoß gegen die Entflechtungsmaßnahmen den nachlässigen Markt-

---

[13] *Schneider*, Regulierungsrecht der Netzwirtschaften (2013) 1154 ff.

teilnehmer auffordert, innerhalb einer bestimmten Frist den gesetzlichen Bestimmungen Folge zu leisten. Andernfalls liegt eine Verwaltungsübertretung vor und die E-Control kann per Bescheid Geldstrafen erzwingen.[14]

Weitere Aufgaben inkludieren die Ausarbeitung und Kontrolle der Bedingungen für Netzzugang und Tarife, Maßnahmen zur Sicherung der Erdgasversorgung und Maßnahmen zur Konfliktschlichtung (§ 10 E-ControlG, § 12 E-ControlG).

Außerdem ist die E-Control zusammen mit der Europäischen Kommission für das Zertifizierungsverfahren zuständig. In diesem Verfahren beantragen Fernleitungsnetzbetreiber die Zertifizierung als ISO, ITO oder ITO+.[15] Diese drei Modelle werden im Kapitel 6 über die Entflechtung von Fernleitungsnetzbetreiber ausführlich behandelt.

---

[14] *E-Control*, Auslegungsgrundsätze zu den energierechtlichen Entflechtungsbestimmungen (2009) 4.

[15] *Helmreich, Kuhlmann*, ZTR 2 (2013), 84.

5 In Österreich

Der wesentliche Regelungsinhalt des österreichischen GWG normiert ein generelles Diskriminierungsverbot sowie detaillierte Bestimmungen über die Entflechtung. Innerhalb der Entflechtungsbestimmungen gelten unterschiedliche Regelungen für:

1. Verteilernetzbetreiber; § 106 GWG
2. Speicherunternehmen; § 107 GWG
3. Fernleitungsnetzbetreiber; §§ 108ff GWG

Die europäischen Vorgaben der Gasrichtlinie wirken sich hauptsächlich auf Fernleitungsnetzbetreiber aus, da für diese drei konkrete Entflechtungsmodelle vorgegeben werden, zwischen denen gewählt werden muss. Allerdings führen sie auch bei Verteilernetz- und Speicherunternehmen zu einer Verschärfung der bereits bestehenden Regelungen, vor allem in Bezug auf die organisatorische Entflechtung.

5.1 Allgemeine Unterteilung der Entflechtungsarten im GWG

Im GWG können 3 verschiedene Arten von Entflechtung unterschieden werden:

1. Rechtlich
2. Buchhalterisch
3. Organisatorisch

Diese Entflechtungsarten waren bereits im § 7 des „alten" GWG 2009 enthalten und stellen somit in Österreich keine Neuerung dar. Jedoch wurden die Anforderungen durch die Gasrichtlinie deutlich verschärft. [16]

Diese Unterscheidungsarten betreffen sowohl Speicherunternehmen und Verteilnetzbetreiber, als auch Fernleitungsnetzbetreiber, wobei bei letzteren noch die Umsetzung eines der drei Entflechtungsmodelle zusätzlich beachtet werden muss.

---

[16] *Helmreich*, Energierecht: Entflechtung neu, Ecolex (2010), 1 (496).

5.1.1 Rechtliche Entflechtung

Eine rechtliche Trennung von Netzbetreibern und dem mit *Lieferung, Verkauf, Versorgung mit und Gewinnung von Erdgas* besorgten vertikal integrierten Erdgasunternehmen war bereits im alten GWG 2009 gegeben und besteht auch im § 106 des GWG 2011 weiter.

Dabei handelt es sich jedoch nicht um eine eigentumsrechtliche Trennung im Sinne des „ownership unbundlings" des Artikel 7 der Gasrichtlinie, sondern um eine bloß formelle Trennung. Das GWG setzt nämlich nur voraus, dass es sich beim Netzbetreiber um eine vom vertikal integrierten Unternehmen getrennte juristische Person handelt. Eine tatsächliche, wirtschaftliche oder eigentumsrechtliche Trennung wird nicht verlangt. Darin widerspiegelt sich das Verhalten des österreichischen Gesetzgebers, zwar einerseits von einer eigentumsrechtlichen Entflechtung abzusehen, andererseits das Eigentumsrecht anhand mehrerer Einzelmaßnahmen jedoch seinem Umfang nach zu beschränken. [17]

Jedoch stellen sich durch die rechtliche Entflechtung weitere Fragen, unter anderem in Bezug auf Konzernstrukturen. So ist stets zu prüfen, wann eine Konzernstruktur rechtswidrig, und wann rechtskonform ist.

Beispielsweise ist fraglich, ob eine Konstruktion in Form eines Treuhandverhältnisses denkbar ist. Dies hätte für Unternehmen den Vorteil, den Konzernverbund erhalten zu können, jedoch könnten die Gesellschafterrechte, also auch das Stimmrecht, nicht mehr direkt, sondern nur durch den Treuhänder ausgeübt werden. [18]

5.1.2 Buchhalterische Entflechtung

Die Pflicht zur buchhalterischen Entflechtung sieht vor, dass Konten getrennt geführt werden müssen und die interne Rechnungslegung separat zu erfolgen hat.

---

[17] *Wechtl*, Entflechtung 19f.

[18] Ebd.

Diese Trennung verfolgt den Zweck einer transparenten Darstellung der tatsächlichen Netzkosten und soll somit in weiterer Folge eine „sachgerechte und nachvollziehbare Grundlage für die Berechnung der Netzentgelte" ermöglichen.[19]

Die Rechtsgrundlagen für die buchhalterische Entflechtung sind in den §§8-11 GWG zu finden, die wiederum auf dem Artikel 30 der RL 2009/73/EG beruht.

Ein besonders praxisrelevanter Aspekt der buchhalterischen Entflechtung ist die Verhinderung von Quersubventionen und sogenannten All-In-Verträgen. [20]

5.1.3 Organisatorische Entflechtung

Die Neuerungen der Gasrichtlinie betreffen in erster Linie die organisatorische Entflechtung. In den Kapiteln über die genauen Modelle zur Entflechtung von Fernleitungsnetzbetreibern spielt diese daher die zentrale Rolle.

Zweck der organisatorischen Entflechtung ist das Erschaffen einer Struktur, die ein vollständig unabhängiges Handeln einer ansonsten abhängigen Einheit ermöglicht. Beispiele für Maßnahmen zur organisatorischen Entflechtung sind die Trennung von Ressourcen und Personal, die Einsetzung unabhängiger Leitungsorgane oder das Ernennen eines Gleichbehandlungsbeauftragten.

Innerhalb der organisatorischen Entflechtung kann weiters zwischen funktionaler und informatorischer Trennung unterschieden werden. [21]

---

[19] *E-Control*, Auslegungsgrundsätze (2009) 13.

[20] Ebd.

[21] Ebd.

6 Entflechtung von Fernleitungsnetzbetreibern

Da die Entflechtung von Fernleitungsnetzbetreibern das zentrale Kernstück des neuen Gasrechts ausmacht, wird diese in ihren verschiedenen Erscheinungsformen und Abwandlungen in den folgenden Kapiteln näher beleuchtet.

Der Begriff des Fernleitungsnetzbetreibers ist im § 7 Abs. 1 Z 20 GWG definiert und ist mit dem Ausdruck „TSO", welcher den englischen Begriff „Transmission System Operator" abkürzt, ident. Dieser Ausdruck darf jedoch mit den später thematisierten Abkürzungen „ISO" und „ITO" verwechselt werden.

Konkret sind in Österreich drei Unternehmen als Betreiber eines Gasfernleitungsnetzes zertifiziert, welche wiederum zusammen insgesamt sieben Fernleitungsanlagen aus und nach Österreich betreiben. Dies sind die Gas Connect Austria GmbH (GCA; vormals OMV Gas GmbH), die Trans Austria Gasleitung GmbH (TAG) und die Baumgarten Oberkappel Gasleitungsges m.b.H. (BOG). Darüber hinaus stellte auch die Nabucco Gas Pipeline International GmbH den Antrag, als Fernleitungsnetzbetreiber erklärt zu werden.[22]

6.1 Zustandekommen der Modelle

Ursprünglich sah die Europäische Kommission in ihrem Richtlinienvorschlag vom 2007 eine vollständige eigentumsrechtliche Trennung, auch bezeichnet als „ownership unbundling", von vertikal integrierten Energieunternehmen vor. Dies bedeutet, dass vertikal integrierte Unternehmen den Netzbetrieb auf eine unabhängige andere Gesellschaft übertragen müssen, also eine Zerschlagung.

Eine gesetzliche Pflicht zur eigentumsrechtlichen Trennung wurde jedoch von einer bedeutenden Gruppe von Mitgliedsstaaten, unter anderem auch Österreich, als tiefgreifender Eingriff in das Grundrecht auf Eigentum von vertikal integrierten Energieunternehmen empfunden.[23] Aufgrund der ablehnenden Haltung dieser Mitgliedsstaaten konnte der Entwurf der Richtlinie auf diese Weise nicht die notwendige Unterstützung gewinnen. Als Kompromiss wurden daher im Art. 9 neben dem „ownership unbundling" noch zwei weitere, alternativ

---

[22] *Helmreich, Kuhlmann*, ZTR 2 (2013), 85.

[23] *Wechtl*, Entflechtung 113 ff.

zur Verfügung stehende Möglichkeiten eingeführt. Diese sollen denselben Zweck wie das „ownership unbundling" erreichen, ohne jedoch eine tatsächliche eigentumsrechtliche Trennung zu erfordern.

6.2 Die drei Modelle

Daher sind folgende drei bzw. vier Entflechtungsmodelle möglich:

1. Die *Eigentumsrechtliche Entflechtung*, auch bekannt als „ownership unbundling"
2. Der *Unabhängige Netzbetreiber*, gemäß Artikel 14, auch bekannt als „Independent System Operator", kurz „ISO"
3. Der *Unabhängige Fernleitungsnetzbetreiber*, gemäß Artikel 17, auch bekannt als „Independent Transmission Operator", kurz „ITO",
    a. Die Variante der „wirksameren Unabhängigkeit des Fernleitungsnetzbetreibers", auch bekannt als ITO+

Bei den ISO und ITO bzw. ITO+ Modellen wird die Einrichtung eines Netzbetreibers oder eines Übertragungs- beziehungsweise Fernleitungsnetzbetreibers, der unabhängig von Versorgungs- und Erzeugungsinteressen des Mutterunternehmens agiert, ermöglicht. [24]

Österreich hat sich entschieden, das ITO bzw. ITO+ Modell als Standardmodell einzuführen. Jedoch sind alle drei Modelle in Österreich möglich und es werden auch alle drei Modelle in der Praxis angewandt. Warum dies nötig war, obwohl grundsätzlich gewählt werden sollte, wird im Kapitel 6.3 genauer erklärt.

6.2.1 Zertifizierungsverfahren

Unternehmen können sich innerhalb der nationalen Rechtsordnungen wiederum frei aussuchen, welches Modell sie umsetzen wollen. Dazu müssen diese zuerst bei der nationalen Regulierungsbehörde um eine Feststellung als Fernleitungsnetzbetreiber ansuchen. Wenn diese Eigenschaft bejaht wird, kann der Netzbetreiber eine Zertifizierung als ISO oder ITO bzw. ITO+ beantragen. Die Europäische Kommission gibt dazu eine Stellungnahme ab, die

---

[24] *Wechtl*, Entflechtung 147.

von der Regulierungsbehörde berücksichtigt werden muss. Nur bei einem ITO+ entscheidet die Kommission selbst. Die Zertifizierung ergeht per Bescheid. [25]

6.3 Wahl der Umsetzungsform

Den Mitgliedsstaaten ist es grundsätzlich gänzlich frei überlassen, ob sie die Variante des „ownership unbundling" oder die ISO oder ITO Modelle in ihre Rechtsordnung umsetzen. Jedoch bestehen gewisse Einschränkungen dieser Entscheidungsfreiheit.

6.3.1 Kombinationsverbot

Wenn eine Option gewählt wird, so müssen alle Voraussetzungen für diese erfüllt sein. Eine Kombination mehrerer Modelle ist unzulässig.

6.3.2 Zeitliche Schranken

Die Einrichtung eines ISO oder ITO befreit nur dann von der Pflicht der eigentumsrechtlichen Entflechtung, wenn das Netz am 3. September 2009 einem vertikal integrierten Unternehmen gehörte. Bei allen danach entstandenen vertikal integrierten Unternehmen ist nur noch Grundmodell der eigentumsrechtlichen Entflechtung im Sinne des § 108 GWG möglich. [26]

Daher ist die eigentumsrechtlichen Entflechtung jedenfalls verbindlich in die nationale Gesetzgebung aufzunehmen, unabhängig davon, ob alternativ noch von den ISO oder ITO bzw. ITO+ Modellen Gebrauch gemacht wird.

---

[25] *Helmreich*, Ecolex (2010), 496.

[26] Ebd.

6.3.3 Einführen des ISO als Bedingung für das Einführen des ITO bzw. ITO+

Mitgliedsstaaten, die sich für die Umsetzung des ITO bzw. ITO+ Modells entscheiden, sind nicht explizit verpflichtet, zusätzlich die Option eines ISO zu ermöglichen. Dies wäre nicht sinngemäß, da den Mitgliedsstaaten bewusst die Entscheidungsfreiheit gegeben sein sollte. Jedoch besteht bei genauerer Betrachtung eine implizite Pflicht zur Aufnahme des ISO in die nationale Rechtsordnung.

Bei kontinuierlicher Verletzung des vertikal integrierten Gasunternehmens gegen die im Rahmen des ITO-Modells zur wirksamen Entflechtung auferlegten Vorschriften besteht die Pflicht des Regulierungsbehörde, die Aufgaben des ITO an einen ISO zu übertragen. Angesichts der Tatsache, dass diese im Art 41 Abs. 5 lit. h der Gasrichtlinie verankerte Regelung vorgibt, im Bedarfsfall einen ISO zu errichten, ist die Existenz der Figur eines ISO in der nationalen Rechtsordnung unabdinglich. Die Ermöglichung eines ISO ist somit eine Kondition für die Ermöglichung eines ITO.[27]

6.3.4 Umsetzung in anderen Mitgliedsstaaten

Durch das gleichzeitige Koexistieren dieser drei Modelle bestehen innerhalb der EU nach wie vor große Unterschiede in der Ausgestaltung der Entflechtung des Energiemarkts. Dies veranschaulicht, dass es sich bei der Gasrichtlinie mehr um eine Maßnahme im Bereich des Wettbewerbsrechts als um einen Versuch weiterer europäischer Harmonisierung handelt.

Eine eigentumsrechtliche Verbindung ist somit weiterhin in jenen Mitgliedsstaaten, die sich für das ISO oder ITO bzw. ITO+ System entschieden haben, zulässig, es müssen jedoch in der gesamten EU strenge Anforderungen an die Unabhängigkeit des Netzbetriebs gestellt werden. Detaillierte Regulierung und umfassende Regulierungskontrollmechanismen sollen dies gewährleisten[28].

[27] *Helmreich*, Ecolex (2010), 498.

[28] Erwägungsgrund 16 der RL 2009/72/EG bzw. Erwägungsgrund 13 der RL 2009/73/EG

6.4 Die Umsetzung der drei Modelle im GWG

Aufgrund der im vorherigen Kapitel beschriebenen Gründe wurden im österreichischen GWG alle drei von der europäischen Gasrichtlinie vorgegebenen Modelle verwirklicht. Für die Praxis am bedeutendsten ist hierzulande das Konzept des ITO.[29] Es werden jedoch aus Gründen der Vollständigkeit und des ganzheitlichen Überblicks alle vorhandenen Modelle dargestellt und analysiert.

Die in Österreich tätigen Erdgasfernleitungsnetzbetreiber haben die Zertifizierung als folgende Modelle beantragt:[30]

- Gas Connect Austria GmbH: ITO
- Trans Austria Gasleitung GmbH: ISO
- Baumgarten Oberkappel Gasleitungsges m.b.H.: ITO
- Nabucco Gas Pipeline International GmbH: ITO+

Europäisch betrachtet sind sowohl „ownership unbundling" als auch der ITO in der Gaswirtschaft der Mitgliedsstaaten häufig. Von dem Modell des ISO wurde am seltensten Gebrauch genommen. [31]

Im Elektrizitätsbereich gibt es zwei in Österreich tätige Fernnetzbetreiber. Die Austrian Power Grid GmbH agiert als ITO und die Vorarlberger Übertragungsnetz GmbH als eigentumsrechtlich entflochtenes Unternehmen.[32] (siehe Kapitel 6.4.1.5)

---

[29] *Helmreich*, Ecolex (2010), 496.

[30] *Helmreich, Kuhlmann*, ZTR 2 (2013), 87.

[31] *Groebel*, Unbundling models in the EU and certification of TSOs in Germany (2013), 25.

[32] Ebd.

6.4.1 Eigentumsrechtliche Entflechtung

Die eigentumsrechtliche Entflechtung ist – wie in Kapitel 6.3.2 erörtert – deswegen in die österreichische Rechtsordnung aufgenommen worden, da diese zwingend auf alle Fernnetzbetreiber anzuwenden ist, die nicht am 3. September 2009 zu einem vertikal integrierten Unternehmen gehörten.

6.4.1.1 Unterscheidung der Ausgestaltungsmöglichkeiten

Es findet sich zwar in den §§ 108 ff GWG die Bezeichnung der „eigentumsrechtlichen" Entflechtung, diese entspricht jedoch nicht einer solchen im ursprünglich von der europäischen Kommission angedachten Sinne, da sich Österreich im Zuge der Verhandlungen zum dritten Energiepaket explizit gegen ein vollständiges „ownership unbundling" ausgesprochen hat. (Siehe Kapitel 6.1)

Jedoch sollte diese Option jenen Mitgliedsstaaten, die eine vollständige eigentumsrechtliche Entflechtung befürworteten, weiterhin offenstehen. Aus diesem Grund sieht die im Endeffekt in Kraft getretene Fassung der Gasrichtlinie innerhalb des „ownership unbundling" wiederum zwei Optionen vor, zwischen welchen die Mitgliedsstaaten frei wählen konnten.

Somit wird einerseits die Entflechtung durch direkte Veräußerung des Netzbetriebs, also das ursprünglich angestrebte Modell genehmigt. Alternativ dazu gibt es aber andererseits auch noch die Möglichkeit einer simplen rechtlichen Entflechtung, an deren Zulässigkeit jedoch noch weitere Anforderungen geknüpft sind, um auch tatsächlich eine wirksame Entflechtung der Interessen zu erwirken. [33]

In Österreich wurde die zweitgenannte Variante umgesetzt. Die ursprünglich von der Europäischen Kommission vorgesehene vollständige eigentumsrechtliche Entflechtung hat somit nie einen Eingang in die österreichische Rechtsordnung gefunden.

Vertikal integrierten Erdgasunternehmen steht es aber selbstverständlich immer noch offen, im Rahmen ihrer Privatautonomie Beteiligungen an Fernnetzen zu veräußern.

---

[33] *Wechtl*, Entflechtung 148.

6.4.1.2 Umsetzung im GWG

Dementsprechend findet sich im GWG keine Bestimmung, die eine Trennung in Bezug auf das zivilrechtliche Eigentum voraussetzen würde. Es stellen sich somit zwei Fragen.

Erstens ist zu prüfen, ob durch die Umsetzung der weniger eingriffsintensiven Option dennoch derselbe Zweck wie durch eine vollständige eigentumsrechtliche Entflechtung erreicht wird. Zweitens kann darüber diskutiert werden, ob man die Norm des § 108 GWG folglich überhaupt korrekterweise als eigentumsrechtliche Entflechtung bezeichnen kann, die eben genau nur rechtlich entflochten wird, nicht aber eigentumsrechtlich.

Für die Beantwortung dieser Frage sind daher die genauen Bedingungen ausschlaggebend, die in diesem Fall zusätzlich erfüllt sein müssen.

6.4.1.3 Anforderungen des § 108 GWG

Die zentrale Bedingung des § 108 GWG lautet sinngemäß, dass der Fernleitungsnetzbetreiber von der mit der Erzeugung oder Versorgung beschäftigten Sparte eines vertikal integrierten Gasunternehmens weder direkt oder indirekt kontrolliert werden darf, noch dieser gesellschafterähnliche Rechte zustehen dürfen. Es ist ebenso unzulässig, dass der Fernleitungsnetzbetreiber Kontrolle über die Erzeugungs- bzw. Versorgungssparte ausübt. Der Kontrollbegriff ist in § 7 Abs. 1 Z 30 GWG definiert.

Erlaubt ist somit gemäß eines *argumentum e contrario* aus Artikel 9 Abs. 2 lit c der Gasrichtlinie lediglich das Halten einer Minderheitsbeteiligung.[34]

Außerdem muss der zivilrechtliche Eigentümer des Fernleitungsnetzes auch dessen Betreiber sein. Bei den Modellen des ISO und ITO ist dies genau umgekehrt.

6.4.1.4 Fazit

Bei genauerer Betrachtung kommen daher die Bedingungen des GWG der Wirkung eines vollständigen „ownership unbundling“ sehr nahe. In Summe kann man davon sprechen, dass

---

[34] *Wechtl*, Entflechtung 150.

aufgrund zahlreicher Beschränkungen der Kontroll-, Mitbestimmungs- und ähnlicher Rechte nur noch die *Hülle eines Eigentumsrechts*[35] übrig bleibt.

Angesichts dieser Feststellung stellt sich die Frage, inwieweit dieses Modell somit eine attraktive Option für vertikal integrierte Energieunternehmen darstellt. In der Praxis hat bis zum aktuellen Stand kein Gasunternehmen in Österreich die Zertifizierung eines eigentumsrechtlichen entflochtenen Netzbetreibers beantragt. Im Bereich der Elektrizitätsunternehmen gibt es einen Anwendungsfall der Entflechtung nach § 108 GWG, der jedoch als Sonderfall zu betrachten ist. Diese besondere Situation wird im folgenden Kapitel thematisiert.

6.4.1.5 Sonderfall der öffentlichen Beteiligung

Handelt es sich bei dem vertikal integrierten Unternehmen um eines, an dem eine juristische Person öffentlichen Rechts beteiligt ist, so reicht es für die Entflechtung bereits aus, wenn *„zwei voneinander getrennte öffentliche Einrichtungen"*[36] die Gesellschafterrechte ausüben. Wenn beispielsweise der Fernleitungsnetzbetreiber der Kontrolle eines Ministeriums und die Erzeugungs- oder Versorgungssparte der Kontrolle eines anderen Ministeriums unterliegt, so ist keine weitere Entflechtung notwendig.

Andererseits erklärte die Regulierungsbehörde in Übereinstimmung mit der Europäischen Kommission, dass eine „wirkliche Trennung" vorausgesetzt wird, worunter Weisungsfreiheit zu verstehen ist. Man spricht daher auch von dem Tatbestand der *„Wirklich getrennten öffentlich-rechtlichen Stelle."*

Im Gasbereich gibt es in Österreich keinen entsprechenden Anwendungsfall, im Elektrizitätsbereich ist dies jedoch bei der „Vorarlberger Übertragungsnetz GmbH" gegeben, welche das Modell der eigentumsrechtlichen Entflechtung gewählt hat. Diese stand zu 51% im Eigentum des Landes Vorarlberg, welches wiederum durch eine andere „Stelle" an einem vertikal inte-

---

[35] *Wechtl*, Entflechtung 150.

[36] Erwägungsgrund 20 der RL 2009/73/EG

grierten Unternehmen beteiligt war, welches die restlichen 49% hielt. Die Konstruktion ist nach Ansicht der E-Control zulässig.[37]

Ebenso können „neue, große Infrastrukturen" von den Bedingungen zur wirksamen Entflechtung ausgenommen sein, da diese unter den Voraussetzungen des Artikel 36 Abs. 1 generell von den Verpflichtungen der RL 2009/73/EG befreit werden können.

---

[37] *Helmreich, Kuhlmann*, ZTR 2 (2013), 85 f.

6.4.1 Independent System Operator

Bei einem Independent System Operator, kurz ISO, handelt es sich um ein vom Einfluss des vertikal integrierten Unternehmens unabhängiges Netzwerkunternehmen, welches ausschließlich für den Betrieb eines Netzes zuständig ist. Der ISO ist rechtlich, buchhalterisch und organisatorisch vom Konzern getrennt, nicht aber eigentumsrechtlich. Dadurch soll der mögliche Interessenskonflikt in Bezug auf die Gleichbehandlung verhindert werden.

Der Betrieb beinhaltet insbesondere Wartung, Ausbau, Gewährung des Netzzuganges, Erhebung von Zugangsentgelten, Planung und Bau sowie Inbetriebnahme neuer Infrastrukturen etc. [38]

Die entsprechenden Regelungen finden sich in den §§ 109-111 GWG bzw. im Artikel 14 der Gasrichtlinie.

6.4.1.1 Konzept

Betreiber und Eigentümer der Netze

Das Netz bleibt weiterhin im Eigentum des vertikal integrierten Unternehmens. Es wird jedoch die Betreiberaktivität an eine unabhängige Einheit, den ISO, ausgelagert.

Im Gegensatz zur eigentumsrechtlichen Entflechtung und dem ITO muss somit der Betreiber eines Netzes nicht auch dessen Eigentümer sein, sondern der ISO betreibt die Netze unabhängig davon, in wessen Eigentum diese stehen.

Der ISO ist im Gegensatz zum ITO gemäß der Ansicht der Regulierungsbehörde befugt, Pflichten, wie beispielsweise den Betrieb und die Wartung der Leitungen, an einen Subunternehmer auszulagern, sofern dieser nicht vom vertikal integrierten Unternehmen abhängig ist.[39]

Rechtliche Entflechtung und mögliche Beteiligungsstrukturen

An dem ISO selbst kann das vertikal integrierte Unternehmen weiterhin Anteile halten. Jedoch muss dieser gesellschaftsrechtlich eine vollkommen separate Einheit darstellen und

---

[38] *Helmreich, Kuhlmann*, ZTR 2 (2013), 87ff.

[39] Ebd.

sowohl das Netzwerk zur Gänze selbständig führen als auch alle Tätigkeiten eines Netzwerkbetreibers selbst ausführen bzw. von einem unabhängigen Dritten ausführen lassen.

Während die Produktions- oder Versorgungssparte weiterhin Anteile am ISO halten darf, besteht diese Möglichkeit in umgekehrter Beziehung nicht. Der ISO darf nämlich nicht an einem Gasproduktions- oder Versorgungsunternehmen beteiligt sein. Diese typischerweise mit einem „ownership unbundling" verbundenen Pflichten bleiben daher auch in Bezug auf den ISO selbst aufrecht, auch wenn diese in die andere Richtung nicht gelten. [40]

Organisatorische Entflechtung und unternehmerische Entscheidungen

Der ISO ist aus der Entscheidungsfindungsstruktur des Konzerns vollständig ausgegliedert. Es werden strikte Anforderungen an die Unabhängigkeit des Managements des ISO vom vertikal integrierten Unternehmen gestellt. Dieses hat somit keine Möglichkeit, auf unternehmerische Entscheidungen des ISO einzuwirken.

Darüber hinaus verpflichtet sich der ISO gegenüber der Regulierungsbehörde zur Einhaltung eines „Zehn-Jahres-Netzentwicklungsplans".[41]

Finanzierung

Der Netzeigentümer, also das vertikal integrierte Unternehmen, ist verpflichtet, den Investitionsplan des ISO zu finanzieren. Dadurch kommt es insofern zu einer Diskrepanz, da die Finanzierungspflichten nicht den ISO sondern das vertikal integrierte Unternehmen treffen, obwohl dieses keine Möglichkeit hat, bei der Entscheidungsfindung mitzuwirken.

Außerdem muss der ISO selbst mit den nötigen finanziellen, technischen und materiellen Ressourcen ausgestattet sein, die für die Leitung als unabhängige Einheit nötig sind.

6.4.1.2 Fazit

Ähnlich zu dem Modell der eigentumsrechtlichen Entflechtung des GWG bleibt das Eigentum am Netzbetreiber zwar aufrecht, aber die typischerweise damit verbundenen Kontrollrechte

[40] *Traitler*, ZfRV 21 (2013), 148ff.

[41] Ebd.

können nicht mehr ausgeübt werden. Das Modell des ITO läuft daher in seiner Wirkung auf eine vollständige Übertragung der faktischen Verfügungsgewalt heraus, während aber gleichzeitig die Finanzierungspflichten und das unternehmerische Risiko beim vertikal integrierten Unternehmen verbleiben. Außerdem ist der organisatorische Aufwand der Einhaltung der Unabhängigkeitsvorschriften zu beachten.[42]

An der Attraktivität dieses Modells für Unternehmen kann daher gezweifelt werden.

6.4.1.3 In der Praxis

Nichtsdestotrotz gibt es einen Anwendungsfall in Österreich. Die Trans-Austria Gasleitung GmbH (TAG) hat die Zertifizierung als ISO beantragt und betreibt Netze, die im Eigentum der Gas Connect Austria GmbH (GCA) stehen. An der TAG sind wiederum die GCA mit 11% beteiligt.[43]

Neben der TAG hat jedoch in der ganzen EU nur ein weiteres Unternehmen – ein lettisches Elektrizitätsunternehmen – um die Zertifizierung als ISO angesucht. Abgesehen von diesen beiden Fällen wurde das Entflechtungsmodell des ISO nach aktuellem Stand von keinem weiteren Energieunternehmen beantragt.[44]

Es sind darüber hinaus keine Fälle auffindbar, in denen die Regulierungsbehörde aufgrund einer kontinuierlichen Pflichtverletzung eines ITO, von ihrem Recht der Übertragung der Pflichten des ITO auf einen ISO im Sinne des Artikel 41 Abs. 5 lit h der Gasrichtlinie Gebrauch gemacht hätte.

---

[42] *Wechtl*, Entflechtung 151.

[43] *Helmreich, Kuhlmann*, ZTR 2 (2013), 87.

[44] *Groebel*, Unbundling (2013), 25.

6.4.2 Independent Transmission Operator

In der österreichischen Gaswirtschaft hat sich vor allem die Wahl einer Entflechtung in Form des Modells des „Unabhängigen Fernleitungsnetzbetreibers“ bzw. „Independent Transmission Operator“, kurz ITO, durchgesetzt. Auch in anderen europäischen Staaten ist dies das bei Unternehmen beliebteste Entflechtungsmodell. Die folgenden Bestimmungen finden in der Praxis weitverbreitete Anwendung.

Die entsprechenden Ausführungsbestimmungen befinden sich im achten Teil bzw. in den §§ 112-116 GWG des nationalen Rechts. Die Europarechtliche Grundlage für die Umsetzung ist das Kapitel IV bzw. Art. 17 ff der RL 2009/73/EG.

6.4.2.1 Konzept

Die Grundidee des ITO ist, dass so wie bei den Modellen der eigentumsrechtlichen Entflechtung nach GWG und dem ISO vertikal integrierte Unternehmen bestehen bleiben dürfen und dafür durch ein umfassendes Regelwerk sicher gegangen wird, dass der Netzbetreiber unabhängig von den Interessen des Produktions- und Versorgungsbereichs operiert.[45] Das Netz wird, anders als beim ISO, nicht nur vom ITO betrieben, sondern es muss auch in dessen Eigentum stehen. Eine Verpachtung der Netze ist somit unzulässig. [46]

6.4.2.2 Keine Rechtliche Entflechtung

Im Gegensatz zu den anderen beiden Modellen kann der ITO weiterhin rechtlich im Konzernverbund integriert bleiben. Artikel 18 Abs. 3 verbietet es nämlich nur den Tochterunternehmen eines vertikal integrierten Unternehmens, die im Erzeugungs- oder im Vertriebsgeschäft tätig sind, Anteile an der Netzbetriebssparte zu halten bzw. umgekehrt darf die Netzbetriebssparte nicht in der Erzeugungs- oder im Vertrieb tätig sein. Für das Mutterunternehmen findet sich jedoch kein solches Verbot, weshalb dieses an beiden Sparten beteiligt sein

[45] *Traitler*, ZfRV 21 (2013), 148 ff.
[46] *Wechtl*, Entflechtung 157.

darf. Aufgrund der ausdrücklichen Beschränkung auf Tochterunternehmen ist eine Analogie nicht zulässig. [47]

Da der ITO unter Einhaltung aller Anforderungen weiterhin im Konzernverbund integriert bleibt, stellt er die am wenigsten eingriffsintensive Variante dar. Diese Regelung sollte damit Unternehmern entgegen kommen.[48] Dies wird jedoch durch eine besonders strenge Aufsicht und erweiterte Befugnisse der E-Control kompensiert. Die Regulierungsbehörde ist nämlich gemäß Artikel 37 Abs. 5 nicht nur ermächtigt, wirksame, verhältnismäßige und abschreckende Sanktionen zu verhängen, sondern kann auch sämtliche Vereinbarungen zwischen VIU und ITO kontrollieren und Hausdurchsuchungen durchführen. Bei kontinuierlichem Pflichtverstoß kann die Regulierungsbehörde sogar, wie bereits erörtert, die Aufgaben des ITO auf einen ISO übertragen. [49]

6.4.2.1 Anforderungen an die organisatorischen Entflechtung

Ressourcen

Der ITO muss mit den nötigen Mitteln ausgestattet sein, um seine Kernaufgaben wahrzunehmen.

Dazu zählen insbesondere eigenes Personal, Büroräume und IT-Ausrüstung. Das Personal des ITO muss bei diesem angestellt sein und darf bei anderen Konzernunternehmen keine beruflichen Positionen bekleiden, Aufgaben wahrnehmen oder Geschäftsbeziehungen unterhalten. Eine Beteiligung an den Betriebsergebnissen des Konzerns, beispielsweise durch Mitarbeiterbeteiligungsprogramme in Form von Aktien oder Aktienoptionen, ist explizit untersagt.[50]

In Bezug auf die IT-Systeme ist es darüber hinaus unzulässig, dass der ITO mit den gleichen externen Dienstleistern und Beratern wie das vertikal integrierte Unternehmen zusammen arbeitet.

---

[47] *Wechtl*, Entflechtung 155.

[48] *Wechtl*, Entflechtung 122.

[49] *Helmreich*, Ecolex (2010), 496 ff.

[50] *Wechtl*, Entflechtung 159.

Dienstleistungsverbot

Grundsätzlich besteht ein Verbot von Erbringung von Dienstleistungen von anderen Teilen des VIU für den ITO. Dazu zählt insbesondere das Leasing von Personal. Ebenso erfasst ist auch die in der Praxis häufige gemeinsame Inanspruchnahme der Rechtsabteilung des vertikal integrierten Unternehmens.

Unabhängigkeit der Organe

Die Unternehmensleitung und das Aufsichtsorgan des ITO müssen vom Restkonzern unabhängig sein. Zu diesem Zweck besteht die Pflicht zu einer sogenannten „waiting period". Diese verlangt, dass ehemaliges Führungspersonal eines anderen Unternehmens derselben Konzerngruppe mindestens drei Jahre warten muss, bis es eine Führungsposition im ITO wahrnehmen darf bzw. 4 Jahre, um vom ITO zu einem anderen Konzernmitglied wechseln zu können. [51]

Darüber hinaus muss ein Gleichbehandlungsprogramm erstellt werden, welches aufschlüsselt, welche Maßnahmen zur Verhinderung von Diskriminierung in Bezug auf den Netzzugang getätigt werden. Zur Einhaltung des Plans wird ein Gleichbehandlungsbeauftragter ernannt. Dessen Pflichten sind in § 116 GWG genau definiert.

Außenauftritt und Markenpolitik

Es werden auch Anforderungen an die Corporate Identity des ITO gestellt. So darf bezüglich des Außenauftritts/der Marke des ITO keine Verwechslungsgefahr mit dem Mutterunternehmen bestehen und auch nicht die Konzernzugehörigkeit ersichtlich sein.[52]

6.4.2.2 Anforderungen an die Buchhalterische Entflechtung

§ 112 Abs. 2 Z 2 GWG spricht auch von einer Trennung der Buchhaltung. Dies inkludiert die getrennte Rechnungslegung, insbesondere aber auch getrennte Zugänge zu den IT-Systemen. Darüber hinaus ist es sogar untersagt, dass derselbe Wirtschaftsprüfer sowohl die

---

[51] *Wechtl*, Entflechtung 158.

[52] *Helmreich, Kuhlmann*, ZTR 2 (2013), 90 ff.

Überprüfung der Rechnungslegung des ITO als auch jene des restlichen Konzerns vornimmt. Der Wirtschaftsprüfer des Restkonzerns kann aber bei der E-Control um eine ausnahmsweise Genehmigung der Einsicht in die Buchhaltung des ITO aus wichtigem Grund ansuchen.

6.4.2.3 Fazit

Das Modell des ITO bietet zwar im Vergleich zu den anderen beiden Möglichkeiten aus Unternehmenssicht viele Vorteile. Vor allem erscheint es attraktiv, eine Konzernstruktur aufrechterhalten zu können. Es ist aber dennoch festzustellen, dass die komplexen Maßnahmen zur Gewährleistung der faktischen Unabhängigkeit mit einen beträchtlichen organisatorischem und administrativem Aufwand verbunden sind. Außerdem gehen durch die vielen Beschränkungen vor allem bei der gemeinsamen Ressourcennutzung teilweise genau jene Synergieeffekte verloren, die für Konzerne charakteristisch sind und die diese Unternehmensform oft besonders effizient machen. Dementsprechend ist die österreichische Umsetzung bei betroffenen Unternehmen auf Kritik gestoßen.[53]

6.4.3 ITO+

Das Entflechtungsmodell des ITO+ wird auch als „wirksamere Unabhängigkeit des Fernleitungsnetzbetreibers“ bezeichnet.

6.4.3.1 Qualifikation

Ob es sich beim ITO+ um ein eigenes Modell oder eine Abwandlung des ITO handelt ist strittig. Es spricht der Anschein jedoch eher dafür, dass der österreichische Gesetzgeber ein selbstständiges Modell angedacht hat. Insbesondere wird der ITO+ in einem eigenen Abschnitt des GWG behandelt. Während die Regelungen über die eigentumsrechtliche Ent-

---

[53] *Helmreich*, Ecolex (2010), 496 ff.

flechtung, den ISO und den ITO jeweils auf die ersten drei Abschnitte des dritten Hauptstücks des GWG aufgeteilt sind, finden sich jene über den ITO+ gleich anschließen im vierten Abschnitt, der nur aus einem Paragraphen, nämlich § 117 besteht.

6.4.3.2 Anforderungen

Die Zertifizierung als ITO+ kann beantragt werden, wenn ein Fernleitungsnetzbetreiber eindeutig wirksamerer unabhängig ist als ein ITO. Das GWG gibt kaum Aufschluss über die genauen Voraussetzungen. Das antragsstellende vertikal integrierte Unternehmen ist trägt jedoch die Beweislast für die wirksamere Unabhängigkeit.

Zur Beurteilung hat die Regulierungsbehörde einen sehr weiten Ermessensspielraum. Das Modell des ITO+ ist daher mit großen Unsicherheiten verbunden.

6.4.3.3 In der Praxis

Nichtsdestotrotz hat die Nabucco Gas Pipeline International GmbH um eine entsprechende Zertifizierung angesucht. Diese wurde aber verweigert, da das Fernleitungsnetz am 3. September 2009 noch nicht bestanden hat und auch nach aktuellem Stand noch nicht besteht und somit nicht im Eigentum eines vertikal integrierten Unternehmens stehen kann. Daher kommt im Falle eines erneuten Antrags nur noch das Modell der eigentumsrechtlichen Entflechtung gemäß § 108 ff in Frage.[54]

---

[54] *E-Control*, Bescheid V ZER G 04/12 (2012), 4.

7 Entflechtung von Verteilernetzbetreibern und Speicherunternehmen

Das Hauptaugenmerk der Gasrichtlinie liegt zwar auf der Entflechtung von Fernleitungsnetzbetreibern, es kommt aber auch für Verteilernetzbetreiber und Speicherunternehmen zu einer Verschärfung. Die Bestimmungen für erstere finden sich im § 106 GWG und für zweitgenannte in § 107 GWG.

Ausgenommen von diesen Regelungen sind kleine Verteilernetzbetreiber, deren Netz nicht mehr als 50 000 Hausanschlüsse ausweist.

Im Gegensatz zu den Fernleitungsnetzbetreibern sind für Verteilernetzbetreiber und Speicherunternehmen keine alternativ wählbaren Modelle vorgesehen. Es finden sich jedoch Einzelbestimmungen, welche die rechtliche, buchhalterische und organisatorische Entflechtung betreffen.

Verteilernetzbetreiber und Speicherunternehmen müssen vom vertikal integrierten Unternehmen rechtlich getrennt sein. Eine eigentumsrechtliche Trennung ist nicht vorgesehen, denn § 106 GWG legt fest, dass keine ...*Trennung in Bezug auf das Eigentum* [...] *vorzunehmen* ... sei. Trotz Fehlens einer ausdrücklichen Norm ist für Speicherunternehmen dasselbe gültig. Dies entspricht der Systematik des GWG.

Ebenso wird eine Trennung der Buchhaltung ähnlich wie bei Fernleitungsnetzbetreibern vorausgesetzt.

Die meisten Neuerungen durch die Gasrichtlinie finden sich im Bereich der organisatorischen Entflechtung. Diese wurde im Vergleich zum alten GWG wesentlich verschärft.[55] Ziel der Bestimmungen ist die Gewährleistung der wirksamen Unabhängigkeit des Verteilernetzbetreibers und Speicherunternehmen. Dementsprechend erinnern die Voraussetzungen an die organisatorische Entflechtung in mehrerer Hinsicht an jene des ITO.

So normieren § 106 Abs. 2 und § 107 Abs. 2 auf fast wortidentische Weise:

1. Die Entscheidungen müssen unabhängig vom vertikal integrierten Unternehmen getroffen werden
2. Verteilernetzbetreiber bzw. Speicherunternehmen müssen über die erforderlichen personellen, technischen, materiellen und finanziellen Ressourcen verfügen, um ihre Aufgaben (Betrieb, Wartung und Ausbau des Netzes) effizient wahrnehmen zu können

[55] *Helmreich*, Ecolex (2010), 496 ff.

3. Die Geschäftsführung und das Aufsichtsorgan müssen unabhängig sein
4. Ein Gleichbehandlungsprogramm wird erstellt und ein Gleichbehandlungsbeauftragter zur Kontrolle ernannt

Außerdem muss gemäß § 106 Abs. 3 die Kommunikation und Markenpolitik so gestaltet sein, dass eine Verwechslung mit dem vertikal integrierten Unternehmen ausgeschlossen ist. Bezüglich Speicherunternehmen wird dies nicht verlangt.

8 Fazit

Durch die Richtlinie 2009/73/EG wurden viele Bestimmungen eingeführt, um die Unabhängigkeit der Fernleitungsnetzbetreiber von vertikal integrierten Erdgasunternehmen zu erreichen. Allerdings wird aufgrund der Entscheidung, anstatt eines einheitlichen Modelles mehrere Optionen einzuführen, die Rechtslage wesentlich unübersichtlicher und komplizierter. Da jeder Mitgliedsstaat selbst wählen kann, welches Modell umgesetzt werden soll und innerhalb der Modelle oft wiederum Wahlmöglichkeiten und Ausnahmen bestehen, müssen sich Unternehmen bei jeder Investition in einem anderen Mitgliedsstaat mit dessen nationalem Umsetzungsmodell vertraut machen. Dies steht einer ursprünglich angestrebten Harmonisierung und Realisierung des Energiebinnenmarkts zweifellos im Wege.

Darüber hinaus gilt zu beachten, dass der demonstrative Verzicht des GWG auf eine vollständige eigentumsrechtliche Entflechtung zwar den Unternehmern entgegenkommen soll, jedoch in ihren konkreten Ausführungen sich von diesem kaum unterscheidet. Sowohl beim Modell der „eigentumsrechtlichen" Entflechtung des GWG als auch beim ISO bleibt den Unternehmen nur noch die Hülle eines Eigentumsrechts, da ein Großteil der damit verbundenen Rechte verloren geht. Plakativ formuliert könnte man von einem „Etikettenschwindel" sprechen.

Beim ITO-Modell bleiben zwar weiterhin mehr Rechte bestehen, allerdings ist auch hier die Entflechtung mit einem beträchtlichen organisatorischen Aufwand verbunden. Durch die vielen detaillierten Einzelbestimmungen ist es nicht nur für die Unternehmen selbst aufwändig, sich mit der Rechtslage vertraut zu machen, sondern der bürokratische Aufwand für die Regulierungsbehörde wird auch erhöht. Ein kompliziertes Zertifizierungsverfahren mit großen Ermessensspielräumen der Regulierungsbehörde ist darüber hinaus nicht im Sinne der Transparenz.

Die ursprüngliche Intention der Gasrichtlinie war eine Verbesserung des Wettbewerbs. Inwiefern diese erreicht wurde, ist schwer zu beurteilen, da diese Frage eine komplexe statistische Auswertung erfordert. Allerdings muss an den eigentlichen Zweck des Wettbewerbsrechts selbst erinnert werden. Unternehmen sollen untereinander konkurrieren, damit diese einen Anreiz haben, ihre Leistungen zu verbessern und die Verbraucher entweder von der verbesserten Qualität der Dienstleistung oder von sinkenden Preisen profitieren können.

Durch die unattraktiven Regelungen entstehen aber jedenfalls für die Unternehmen zusätzliche Kosten, die im Endeffekt auf die Verbraucher abgewälzt werden müssen.

Der erhöhte administrative Aufwand für Unternehmen und erhöhte bürokratische Aufwand für die Aufsichtsbehörden ist somit nicht nur eine vermeidbare Bürde für die Unternehmen selbst, sondern schädigt damit indirekt auch deren Kunden. Ob die Umsetzung der Gasrichtlinie also tatsächlich zu niedrigeren Preisen für die Verbraucher beigetragen hat, ist stark zu bezweifeln.

Literaturverzeichnis

Monographien

Lang Kai-Olaf, Westphal Kirsten, Nord Stream 2 – Versuch einer politischen und wirtschaftlichen Einordnung (Berlin 2016).

Schneider Christian F., Regulierungsrecht der Netzwirtschaften (Wien 2013).

Wechtl Norbert, Die eigentumsrechtliche Entflechtung der Strom- und Gasversorgungsunternehmen in der Europäischen Union (Wien 2010).

Wiebe Andreas, Wettbewerbs- und Immaterialgüterrecht (Wien 2016).

Zeitschriften

Bonn Moritz, Voßwinkel Jan, Die Gasversorgung in der EU. Stand und Perspektiven, CepInput 06 (2019), 1.

Helmreich Markus Energierecht: Entflechtung neu, Ecolex (2010) 496.

Helmreich Markus, Kuhlmann Josefine, Entflechten Sie sich! Zur Entscheidungspraxis der Regulierungsbehörde bei Zertifizierungsverfahren, ZTR 2 (2013), 84.

Traitler Michelina, Regulierung in der Gaswirtschaft und das Dritte Energiepaket, ZfRV 21 (2013), 148.

Sonstige Quellen

E-Control, Auslegungsgrundsätze zu den energierechtlichen Entflechtungsbestimmungen (Wien 2009).

E-Control, Bescheid V ZER G 04/12 (Wien 2012).

Groebel Annegret, Unbundling models in the EU and certification of TSOs in Germany (Den Haag 2013).

FSC
www.fsc.org
MIX
Papier | Fördert gute Waldnutzung
FSC® C083411

Kolibri 360 GmbH
Ferdinand-Jühlke-Straße 7
99095 Erfurt, Deutschland
produktsicherheit@kolibri360.de

Druck:
CPI Druckdienstleistungen GmbH
im Auftrag der
Kolibri 360 GmbH
Ferdinand-Jühlke-Str. 7
99095 Erfurt